**RENÉE FERRER**

# IGNOMINIE

## POÈMES ET PSAUMES

TRADUIT DE L'ESPAGNOL
ET PRÉSENTÉ
PAR

**ALAIN**
**SAINT-SAËNS**

PRESSES UNIVERSITAIRES
DU NOUVEAU MONDE

2021

Published in the United States by Presses Universitaires du Nouveau Monde. Printed in France by Monbeaulivre.fr
E-mails: punouveaumonde@gmail.com; universitypresssouth@gmail.com .
Visit our award-winning web pages: www.punouveaumonde.com

www.unprsouth.com

Renée Ferrer.

Ignominie. Poèmes et psaumes.

Second Edition in French. Translation by Alain Saint-Saëns of the first Spanish edition: *Ignominia. Tras las huellas del Holocausto* (Editorial Alta Voz: Asunción, 2013).

146 pages; 8 photos.

Front Cover Art by David Olère, *Gazage* (Peinture à l'huile, 1960).

1) Holocaust. 2) Shoah. 3) Renée Ferrer. 4) Poetry. 5) Jewish Civilization. 6) Extermination Camps. 7) Nazi Germany. 8) Kabbalah. 9) Osvaldo González Real. 10) Alain Saint-Saëns.

ISBN: 978-1-937030-45-2 (USA : First French Edition, 2018)

ISBN: 978-1-952799-34-1 (Europe: Second French Edition, 2021)

*À tous ceux qui sont décédés dans les camps de la mort*
*et à ceux qui en sont revenus.*

*À Simone Veil (1927-2017), survivante de la Shoah,*
*Présidente du Parlement Européen,*
*Membre de l'Académie Française.*

**RENÉE FERRER**

EX PRÉSIDENTE DE L'ACADÉMIE PARAGUAYENNE

DE LA LANGUE ESPAGNOLE

**ALAIN SAINT-SAËNS**

MEMBRE CORRESPONDANT DE L'ACADÉMIE

DES LETTRES, BAHIA-BRÉSIL

# INTRODUCTION

Nous sommes infiniment redevables à Renée Ferrer, poétesse paraguayenne, d'avoir écrit *Ignominie*, recueil de poèmes et psaumes si désespérément humain sur la tentative de déshumanisation de l'homme dans les camps de concentration nazis en Europe au siècle dernier. Sa lecture m'évoqua d'emblée plusieurs livres de romanciers et mémorialistes de l'Holocauste : celui d'abord de l'Italien Primo Levi, *Si c'est un homme*, récit autobiographique qui se déroule dans le camp d'Auschwitz; celui ensuite du Roumain devenu Américain Elie Wiesel, Prix Nobel de la Paix, et la si triste description par ce magnifique écrivain de sa relation au père au camp de Buchenwald, dans son petit livre, *La nuit*; et ceux enfin de Jorge Semprun, le plus francophile des Espagnols : son émouvant *Le grand voyage*, long trajet vers Buchenwald une fois encore, et *Quel beau dimanche !* sur la vie dans ce camp d'extermination, instant par instant, à la manière d'Alexandre Soljenitsyne décrivant l'enfer de l'Archipel du Goulag dans *Une journée d'Ivan Denissovitch.*

Surtout, lisant le recueil de poèmes de Renée Ferrer du début à la fin, une nuit sombre sous une lune blafarde de circonstance, je ne pus m'empêcher de penser à Samuel Pisar, l'un des plus jeunes survivants des camps de Majdanek, Auschwitz et Dachau. Toute ma vie durant, dans les bons et les mauvais moments, l'exemple de courage et de détermination indestructibles de ce gamin ne devait cesser de me guider. Pénétrant dans la chambre à gaz, condamné à une mort certaine, il repéra dans un coin un seau d'eau et un balai, et se mit à nettoyer le sol pendant que la pièce se remplissait peu à peu des personnes qui allaient être asphyxiées lentement. Puis, regardant droit dans les yeux le Kapo et l'officier nazi, le petit Samuel sortit, comme si de rien n'était, de l'antichambre de la mort avec ses instruments de travail sous le bras, comme il le conta dans sa passionnante autobiographie, *Le sang de l'espoir*.

C'est tout le monde disparu du *Shtetl* juif d'Europe centrale, que l'historienne Rachel Ertel sut si bien faire revivre dans un beau livre naguère, celui aussi des peintures colorées de Marc Chagall, qui traversent entre les lignes les pages du recueil de poèmes *Ignominie*. Isaac Bashevis Singer, le grand écrivain juif polonais de langue yiddish, qui échappa à la tragédie en émigrant aux Etats-Unis quand il en était encore temps, écrivait à la fin de son roman, *La famille Moskat*, ce que Renée Ferrer montre de manière implacable et quasi insoutenable dans les poèmes d'*Ignominie*: 'Le Messie, c'est la mort'.

À mes yeux, Renée Ferrer, poétesse, conteuse, romancière et historienne, nominée pour le Prix Nobel de Littérature, personnifie non seulement la grandeur d'une femme de lettres paraguayenne savante et cultivée au sein de l'Académie Paraguayenne de la Langue Espagnole qu'elle préside avec talent et grâce, mais elle en incarne encore plus l'humanité glorieuse qui transcende toutes frontières spatiales et temporelles. Dans ma présentation à Assomption de son volume de contes et nouvelles publié aux Éditions L'Harmattan, je n'hésitai pas à la qualifier de 'Marguerite Yourcenar du Paraguay.' On pourrait tout aussi bien la comparer à une autre 'Immortelle', Simone Veil, ancienne Présidente du Parlement Européen et Membre de l'Académie Française, qui fut déportée à quinze ans. Celle-ci fit graver sur son épée d'Académicienne le numéro

78651, correspondant à son matricule au camp de concentration d'Auschwitz-Birkenau, marque d'infamie tatouée sur le bras et revendiquée par elle en son moment de gloire littéraire. À ceux qui avaient programmé de faire disparaître à jamais un peuple dont elle était, Simone Veil rétorquait magnifiquement, leur imposant symboliquement l'immortalité de la Coupole.

Le recueil de poèmes de Renée Ferrer, *Ignominie*, est un éloge à la vie, une célébration de la mémoire, un *shabbat shalom* de l'amitié entre les peuples. Merci à Renée Ferrer d'avoir su l'écrire avec la retenue et le respect nécessaires, eu égard à la gravité du sujet. Merci encore à la poétesse paraguayenne de nous avoir rappelé, à travers ses poèmes poignants et bouleversants, au devoir de mémoire, indispensable pour que le massacre inhumain des innocents assassinés scientifiquement par des hommes devenus monstres ne soit jamais oublié. Puisse, à la lecture d'*Ignominie*, l'humanité recouvrée se convaincre de ne plus jamais s'abaisser au niveau zéro de la barbarie la plus inconcevablement abjecte et dégradante de la Shoah.

***Alain Saint-Saëns***

Professeur de Littératures Comparées et d'Histoire,

Directeur des Relations Internationales,

Universidad del Norte,

Assomption, Paraguay

## OSVALDO GONZÁLEZ REAL

MEMBRE DE L'ACADÉMIE PARAGUAYENNE

DE LA LANGUE ESPAGNOLE

# PROPOS SUR L'HOLOCAUSTE

Il n'est pas facile d'écrire de la poésie sur le thème de l'Holocauste. Bien que de grands poètes comme l'Allemande Nelly Sachs ou l'Israélien Hayim Nahman Bialik s'y soient risqués, c'est un thème apocalyptique au même titre que la fin du monde, et, de fait, il y a un avant et un après l'immense génocide. Depuis Auschwitz, en effet, l'on ne peut plus considérer l'aventure humaine comme l'évolution inéluctable vers une planète et une humanité plus parfaites. Quelque chose s'est passé, en ce moment crucial, qui eût pu ne relever que du cauchemar halluciné d'un Franz Kafka ou d'un Walter Benjamin. Le premier déjà avait imaginé, dans *La colonie pénitentiaire* et *Le procès*, une société engluée dans une horreur quasi métaphysique. Le second, dans sa conception théologique kabbalistique de l'avenir de l'homme, avait, lui, entrevu un ouragan qui annihilerait les villes devenues champs de ruines sous le souffle destructeur de la guerre.

Dans un précédent recueil de poèmes, *Les demeures de l'Univers*, Renée Ferrer avait déjà fait référence à la doctrine kabbalistique qui parle du transit des âmes depuis l'obscurité de ce monde sublunaire jusqu'à la lumière divine ; elles sont détachées – comme des paillettes de lumière – de l'éclat originel qui inondait l'univers. Nous sommes, en ce sens, des fragments de l'essence divine. Mais la Kabbale nous apprend aussi la valeur ésotérique des lettres de l'alphabet hébreu, où le H est maudit : Hérode, Hitler, Hiroshima, etc.…

Dans cette œuvre de Renée Ferrer, s'opère, par la parole, une transfiguration de la souffrance infinie appelée Holocauste. Les vers de la poétesse paraissent, pour ce qui est du style, inspirés d'anciennes balades hébraïques, semblables à celles d'Else Lasker-Schüler qui fut l'amie de Kafka: à ceux qui marchent à la mort, on promet la béatitude éternelle et la libération définitive de la douleur et de la souffrance de ce monde. Les poèmes de Renée Ferrer sont une épiphanie : ils ouvrent les portes d'un monde de compassion et d'espoir au-delà de l'existence terrestre pour les victimes de l'atroce sacrifice. C'est la situation de Job devant les terribles épreuves auxquelles Dieu le soumet, avant de finalement le consoler. Un poème, 'Donne-moi la main', est exceptionnel, en ce qu'il marque une situation extrême, à la limite de ce que peut supporter la condition humaine, parce qu'il s'agit d'un enfant innocent qui peut-être n'est pas parvenu à comprendre le sens de sa propre mort, ni les avatars de son destin.

D'autre part, cette voix poétique d'un haut registre dramatique établit tout le temps un parallélisme entre la nature, avec ses fleurs et ses arbres printaniers qui entourent le camp d'extermination – situation similaire à la branche fleurie qu'Anne Frank, avant d'être capturée par la Gestapo, voyait depuis sa fenêtre et qui, d'une certaine manière, la consolait de son horrible tragédie – et la méchanceté humaine confrontée à la vie exubérante du bois. C'est 'l'obnubilation en marche' contre 'l'éternel retour de la même chose' de Friedrich Nietzsche dans *Ainsi parlait Zarathoustra*.

Enfin, il faut prendre en compte que Renée Ferrer décrit l'horreur terrifiante depuis une perspective chrétienne de charité et compassion, qui la fait participer de la souffrance d'autrui et assumer l'angoisse des victimes comme si c'était la sienne propre. Je crois qu'une transformation de la souffrance – au moyen d'un sentiment quasi religieux – s'entrevoit bien dans cette poésie rédemptrice.

***Osvaldo Gonzalez Real***
Membre de l'Académie Paraguayenne
de la Langue Espagnole

RENÉE FERRER À LA FORTERESSE DE MASADA EN ISRAËL,
'ULTIME BASTION CONTRE LES ROMAINS' EN 1986

# SUR LES TRACES

# DE

# L'HOLOCAUSTE

ENTRÉE DU CAMP D'AUSCHWITZ-BIRKENAU

## L'AURA DU BOIS

Le bois illumine les petites fenêtres depuis les ombres
Phosphorescentes de la nuit en deuil,
Illumine les vannes de l'âme de son aura de feu.
De loin et de près, et presque au-dessus,
Les pins couronnés d'un diadème de lumière malsaine
Protègent leur candeur sous le firmament étoilé,
Engoncés dans le calme de la tâche accomplie.

Ah ! La placidité ridicule
Des heures nocturnes
Qui avancent sur la pointe des pieds,
Comme si de rien n'était, à l'horloge de l'opprobre !

Des ombres évanescentes se diluent, remontant
Vers un ciel transi de vers luisants distants,
Tel un mouchoir angoissé s'éloignant lors de l'adieu,
Et dans les espaces vides,
Laissés ouverts au moment du départ,
Une larme est restée à pleurer pour toujours
Après la mort.

Depuis les champs endormis derrière les épines de la réclusion,
Dans les baraques insomniaques de fatigue,
Des yeux démesurés retiennent l'éclat des arbres
Pliés par la douceur du vent
Qui s'est mise à sangloter en terrain découvert.

L'écho des cris n'en finit pas de résonner
Comme des sabots de coursiers emballés
Lançant des ruades aux tempes du rendez-vous funeste.
Et entre les troncs debout
Une procession incessante use le sentier
Par le déplacement de ses plantes
Dans le territoire d'une mémoire indélébile.

Ils avancent comme des âmes en peine
Vers l'inconnu sans visage du futur,
Une pierre de silence dans la gorge,
Le silence benêt de la confiance trahie
Ou la clameur étranglée de l'épouvante.

Depuis le bois assujetti par l'angoisse du lever du jour,
Un râle de flammes, héraut du dédain,
Illumine les toitures
Face à la rangée de crocs brillants
Qui hurlent au filet de lune comme des chiens affamés.

Et dans la nuit qui succède au jour et à la nuit
Et au jour et à la nuit et au jour,
La vie devient nuage de fumée dans le gosier de la forge maudite.

Ne reste pas les yeux accrochés
À l'image des constructions abandonnées
Dans le territoire de la tristesse !
Cherche ton propre sentier dans la sève de l'arbre de vie,
Dans les fourches où se réchauffent les nids en hiver
Et où découchent les âmes qui s'élèvent!

Depuis les cheminées hautes comme des sentinelles en désuétude,
Elles s'envolent de cette terre passagère
Vers la maison du lendemain,
Moulées dans les voiles de la libération.
Elles parcourent pas à pas, du malheur à la rédemption,
L'itinéraire étonnant qui conduit à ta rencontre.

## LE TEMPS QUI N'EST PLUS

**De** ces yeux absorbés dans la contemplation des bougies allumées,
De cette nappe brodée parsemée de miettes de pain azyme
Les soirs de vendredi,
Il ne reste que les ultimes lueurs au creux des cernes,
Cavernes impuissantes où s'entassent
Les jours souriants de l'hier
Et les maigres biens d'un aujourd'hui raréfié,
Pliés dans une valise en carton
Badigeonnée d'un nom écrit en grosses lettres.

De cette robe accrochée au cintre de l'espoir,
Sachant qu'il viendrait la chercher pour aller au bal
Avant neuf heures,
De ce chemin de retour à la maison
Empruntant les trottoirs de la ville,
Où étaient découragés les baisers
Dans l'avidité entrouverte des lèvres,
Des baisers protégés par l'horloge de la tour
Aux abords de la place assiégée d'arômes,
Avec son petit coq chanteur et les apôtres qui faisait un tour
En une ronde pacifique pendant que chantaient les heures,
Il ne reste que ce bois abandonné de trilles,
Et le contour des champs de trèfles en fleur,
Aucun à quatre feuilles,

L'ombre des pins
Couverte par le linceul gris de la barbarie.

De ces heures,
Inclinée sous le cercle de la lampe à étudier voracement,
Pendant que les toits s'abritaient sous les chutes de neige
Et que les flammes du foyer illuminaient les corps tressés
Sans paroles sur le sol,
Il ne reste que le chant mutilé fredonnant,
Le silence irrémédiable,
Les rires au dépourvu d'alors,
Avant de connaître l'aurore perverse.

## DONNE-MOI LA MAIN

Tends-moi ta petite main transie de peur,
Marchons ensemble telles que nous vînmes au monde
Le jour de notre naissance,
Quand dansait le cœur de nos parents
Autour du berceau.

Abandonne tes doigts dans la tiédeur de ma main
Afin que je les couvre de réconfort,
Et entre avec moi,
Douce petite fleur,
Dans l'antichambre de cette vie qui nous attend
Au-delà de l'asphyxie et de l'outrage.

Ne crains point de te réveiller transformée en voilure
Montant vers les nuées pour sillonner l'infini
Sur les ailes de ton âme des jours de vendanges.
Marche collée tout contre moi,
Comme le liseron qui se mêle au branchage
Des arbres au printemps,
Et lève ta petite bouille triste
Pour que ceux-ci se reflètent dans tes yeux
Après l'insomnie torturée de leurs nuits
Et pour que, peut-être, quand tout sera terminé,
On les voie entrer victorieux dans l'éclat suprême.

## AVANT LE LEVER DU JOUR

La trachée du vent tourmente le bois
Souillé de fumée et de silence.
Au plus près des fils de fer barbelé,
La nuit recouvre la toiture des baraques
Courbées sous la chute de neige floconneuse.

Les yeux de la mort épient les contours et les ombres
Depuis les miradors solitaires, le doigt sur la gâchette.
Sur les rails des trains, pullulent les spectres,
L'air absent,
Tandis que sur les grabats,
La fièvre étendue sur la paille sèche
Agrandit démesurément le cratère de la désolation.
Dans les sentiers du bois sanglotent les spectres.

Où est la danse des flammes
Dans la salamandre de la salle qui libérait l'esprit du feu,
Pendant que bramait l'hiver à travers les rues désertes ?
Où sont les joues brûlantes et le regard fixe
Dans les débandades de la rêverie et du désir,
La chaleur qui tendait la peau des genoux,
Maintenant que j'ai les mains si gelées ?
Où est le grésillement de la joie
Sans la marque de l'opprobre sur le front

En parcourant le marché et les recoins du ghetto ?
Dans les rues vides pullulent sans but les spectres.

Je me réfugie dans les bras de ce feu
Qui illumina ma fenêtre la nuit où je t'aimai,
Maintenant que je suis immergée dans l'obscurité,
À attendre la lumière ténébreuse du matin.
Et si la mort ne me veut point,
Je porterai cette étoile qui brille comme un trésor sur le front.

## CES CRIS

Un amas de couteaux lancé à la débandade
Coupe la solitude tranquille de l'après-midi.
La taciturne solitude de l'après-midi ensanglante le bois
D'un râle de voix condamnées.
Par la blessure ouverte, l'air sanglote calmement,
La distance, la nuit, l'inconsolable aurore.

Un amas de couteaux balafre la fatigue de l'après-midi
D'un fil sonore,
Les yeux affolés par l'ahurissement de la mort,
Les mains qui agrippent en d'autres mains une effilochure de vie.

Avec les derniers cris s'affole le battement d'ailes
Des oiseaux qui s'éloignent,
Et dans la tremblante proximité de la grande baraque,
Les bottes résonnent comme des sabots de diables galopants.
Pas très loin,
À la limite du terrain découvert,
En une carte postale de malvacées en fleur,
Résident les locataires du bestiaire.

Sous le toit des maisons réquisitionnées
Les bourreaux sourient autour de la table familiale,
Caressant la tête de leurs enfants,

Qui se retirent avec politesse avant d'aller dormir.

La mort excite le battement d'ailes des oiseaux
D'un ton empreint de terreur.
L'après-midi déjà s'en est allée, enveloppée de fumée et de froid,
Et, dans la nuit constellée,
Les voix martèlent la distance,
Clouant dans le vent leur ultime prière.

## LA RAFLE

Une meute de chiens fait irruption
Dans l'intimité somnolente d'un appartement loué,
Éparpillant les jouets sur le sol
De par l'impétuosité de son entrée triomphale.
Les aboiements rompent en sursaut la tranquillité
Du lever en pantoufles,
Assaillent les visages à peine échappés du sommeil,
Le bâillement d'un enfant qui ne comprend pas.

L'éclat des yeux glacés
S'acharne contre le désarroi général
Et intime sur le seuil l'ordre de quitter les lieux.
De sinistres oiseaux virevoltent au dehors animés d'une haine féroce,
Tournant au-dessus du halètement des carrosseries
Qui attendent, gueules grandes ouvertes.

Où sont les heures nocturnes
À lire à la lumière de la lampe ?
Où sont les déjeuners autour du vin de la joie,
Maintenant que les chambres sont restées vides
Et qu'une haleine apocalyptique maraude dans les coins,
Empoisonnant les vestiges d'un hier qui s'estompe ?

Tout est mort et mutisme,

Et, cependant,

Dans le coeur déchiré de ceux qui sont revenus,

S'allume encore le commandement divin de l'espoir.

## APRÈS LA JOURNÉE

Les liens de la fatigue étranglent le souffle
Au milieu de la cour désolée.
Les larmes du crépuscule descendent,
Pendant que s'estompe un autre jour,
Réplique d'autres jours qui s'estompent
Et se lèvent éveillés,
Et s'estompent de nouveau dans la brume.

Sur l'esplanade,
Un éclat naissant
S'ouvre le chemin dans le ciel sombre.
Des pas lents respectent l'urgence dressée des cravaches,
Faisant la sourde oreille à la clameur enfouie de l'impuissance.
Debout comme les arbres
Ils demeurent après la journée,
Au clair d'une lune envahie de honte.

Les heures s'écoulent semblables aux pages d'un annuaire,
Qui débordent les années sans la consommation astucieuse
De l'attente interminable,
Et sur les os qui soutiennent la peau,
Le froid de la nuit pianote les notes d'une marche funèbre.
Des corps défaillants s'effondrent,
Interrompant l'épellation inaudible des lèvres

Qui avalent leur gorgée d'éternité.

Soudain, une porte s'ouvre,
Supprimant par sa lumière les images mortuaires,
Et au seuil d'une existence nouvellement née
Recommence un nouveau voyage vers des contrées ignorées,
Maintenant sans corps latent,
Maintenant sans désirs non écoutés,
Maintenant sans supplices, stigmates ou ignominie.

Tout paraît alors comme une photo jaunie
Que l'on doit garder sur les étagères d'un temps
Qui s'en est allé,
Les traces du destin gravées sur la peau.

La libération prend vie s'élevant
Par les branches d'un arbre qui point,
Et se dresse avec toi
Depuis la semence auroral jusqu'au feuillage
Qui alimente la respiration de l'univers.

## LE PETIT SOULIER VIDE

*Aux petites victimes*
*de l'Holocauste.*

**À** l'intérieur d'un cube transparent
(Musée de l'Holocauste),
Un petit soulier vide.
De Cuir mou ou de toile grossière,
Imprégné du souvenir enflé des doigts de pied.
Baillant devant, et derrière, usé.
Il porte des taches de champ embrumé,
De jeux à la balle de toile
Et une odeur qui vous pénètre par les yeux.
Tel un unique butin,
Chéri comme un trésor.
Depuis l'orifice des viles cheminées,
la chair enfantine a plu sur le ciel,
Détourné son innocence vers les étoiles,
Et fait honte à la lumière
Qui patiemment empestait.

Jérusalem, 1986

# IGNOMINIE

À partir d'un plan du film,
*La liste de Schindler.*

Sur un tas de la mort,
Agitant les manches après un papillon,
Un petit manteau rouge.
Des boucles d'oreille,
Des piluliers,
Des montres,
Des épingles,
Des boutons de manchette,
Des blagues à tabac,
Des dents en or,
Des chapeaux,
Des lunettes,
Et un petit manteau rouge.

La fête est finie.
L'air au ras du sol est taché de papiers,
Et sur la crête du vent
Nous salue sans bras
Le petit manteau rouge.

Kansas, 1994

## LE VOYAGE

Les rails traversent la plaine avec une monotonie parallèle,
Au-delà des regards qui se perdent dans l'immensité brumeuse.
Le long d'une carte sans retour, le fer court sur le fer.
Les roues avalent la distance,
Comme des serpents qui sifflent et se mordent la queue.
Dans la clarté précoce du matin,
Le barrissement d'un pachyderme satisfait éclate.
Sourd à la clameur de la multitude en désarroi entassée,
Le train siffle dans l'air sa sombre avancée.

Ni une fente de lumière,
Ni une rafale de brise compatissante,
Ni une goutte de pluie tombée du ciel durant la longue après-midi,
Seule la fièvre des corps serrés les uns contre les autres,
L'avidité des langues desséchées
Et les visages qui soudain s'effondrent,
Les yeux ouverts.

Plus avant dans la nuit, une gare d'aiguillage étrange
Met fin à tous les trajets courants
Aux abords d'un village fantôme.
Les heures saignent aussi aux premiers signes de l'aube
Dans l'attente du soleil,
Qui, imperturbable, se lève en une implacable fureur.

Dans le ventre du wagon, la folie perd de la force,
S'acclimate à la fatigue,
Au changement précipité de routine,
À la résignation devant l'espoir qui chancelle.

Une gare attend sur le flanc grisâtre de l'inconnu,
Oublieuse d'autres quais qui abritent
Les retrouvailles des amants après l'absence,
La joie de ceux qui partent,
Les poches pleines de rêves et de la certitude du retour.

Elle reste seule et silencieuse,
Au milieu d'un endroit taciturne,
Au point final de ce voyage sans retour,
Elle, la gare,
Dans l'attente des cœurs affolés qui descendent d'un pas incertain,
Fustigés tant par la force que par la peur.

Au-delà des nuits et des jours,
La gare attend,
Contenant le silence de ceux qui écoutent et voient
Sans bouger la langue.

Ne te désespère pas !
Par-delà cette vie,
Unies par les rails de l'univers,

D'autres gares t'attendent.
Des quais différents guettent ton arrivée,
Et un billet à ton nom étend ses ailes
Vers une nouvelle destination.

Oh ! Wagons de lumière !
Oh ! Itinéraire vers la libération définitive !

## MORT

**V**iens,
Amie compatissante,
Délivre-moi de la vie,
Laisse-moi abandonner ma peau fanée,
Me diluer depuis les cheminées solitaires jusqu'à la région secrète
Qui te nomme,
Pure brume à la recherche de mon être sur la route des constellations,
De la commisération et de l'espoir !

Emmène-moi devant celui qui comprend tout,
Laisse-moi participer au plan de l'Absolu le cœur calme,
Libéré déjà de la mémoire endurcie,
De la douleur qui perdure chez les enfants de mes enfants,
Et de la mesquinerie ou du sacrifice nés du désespoir !

Rappelle-moi que j'existe et que toujours j'existerai,
Au-delà du visage de la dégradation ou celui du courage !
Réponds-moi,
Et moi je comprendrai
Que j'aurai servi à quelque chose !

## LE SILENCE

**Q**uelle importance que les sobriquets
Si l'on extirpe la racine du petit matin ?
Définitions, diminutifs et autres surnoms,
Quel intérêt ?
La perversité est toujours la même.

Un rideau de fumée tamise le monde menacé.
Là où le cœur se convertit en pierre,
Se tarit une source,
Là où l'on justifie les coups de griffe de la bassesse,
Prolifèrent les tanières où dorment les petits,
Ignorants encore de leur destin insane.

Les piliers de la conscience s'écroulent,
Ne laissant point de passage à la rosée
Qui humidifie la fleur avant l'arrivée de la lueur.
Sur le seuil de la Lumière les ténèbres se font plus denses,
Le silence qui consent tout unanime,
Et s'ouvrent les bras de celui qui me sauvera.

## PERSONNE NE PEUT LE NIER

**Au** centre d'un pavillon de glace,
Nul espace pour des cantiques d'hommage,
Seulement une haine féroce.
De la haine et des oiseaux aux ailes caverneuses,
Menaçants, ces oiseaux, lorsqu'ils descendent en piqué.

Une masse de boue, qui s'étend et s'obstine,
Inonde les croisements tortueux de l'histoire
Répétant l'erreur des siècles
Enfumés par une vapeur noire.
Les yeux de la conscience ne voient plus.
Aveugle, le regard proclame sa force avec orgueil.
Ah, ce regard irrité qui plane une fois de plus
Sur les alternatives de la discrimination !
Comme si nous n'étions point tous différents
Sous les rayons du soleil, avec la même fleur aromatisante
Au centre de la poitrine,
Différents comme les trilles des oiseaux qui ravinent
La mémoire de la nature !

Les recoins des ghettos perdent de leur couleur,
Dénaturent les nuances de la joie,
Recherchent un soupçon de lumière
Au pied des réverbères des rues.
De derrière les yeux fermés, s'avance à notre rencontre
La splendeur de la parole,
L'écho des chants de louange
Venus des rives d'alors.

Une mèche vacille sous les assauts du vent,
À l'intérieur des murs qu'encerclent les bottes,
Derrière les portes fermées.
Des larmes se diluent sur la place
Et, plus tard, c'est au tour du vide que laisse le silence,
Cédant le pas aux grincements des trains qui s'éloignent,
Forts de l'approbation ventre en avant du bourreau.

Abandonnées, les maisons demeurent,
Qui attendent l'absolution du temps.
D'entre les décombres, un pèlerinage d'ombres
Recouvre la désertion d'une bruine de tristesse.
Tout est gris et seulement gris,
Jusqu'à l'espoir qui se recroqueville sur soi
Ou qui se retranche derrière l'illusion maladroite du départ.

Personne ne peut le nier,

Personne ne peut dire que cela ne s'est point passé.

Quand tout sera fini,
Il ne restera qu'un déplacement rapide vers le mystère
De ces images froissées.
Jamais elles ne reviendront,
Et les oracles nous parleront avec les voix
Des sages qui s'en sont allés.

## TOUT TEMPS PASSÉ

**L**a nostalgie de ce qui a été perdu émet son appel moribond
Lorsque l'on déambule à la merci des ténèbres :
Où sont les bougies allumées pour les agapes des jours de fête,
Le corps pinçant les cordes de la joie,
Caisse de résonance, intime enceinte de chant et de vie ?

La vie transite sur un fil qui se détend à chaque instant
Au-dessus d'un puits de temps sans margelle.
La clarté du matin a soudain fait place
À la dense nuit d'un final fatidique.
Comment ne pas regretter le soleil sur la place et le battement d'ailes
Des rossignols des après-midi radieuses de l'été,
Quand bruine un duvet de neige sur les baraques,
Telles les larmes d'un ciel chagriné ?
Quand la soif tenaille les trottes récalcitrantes, comment
Ne pas anhéler le froid impitoyable même s'il brise les doigts ?
Et si nous envahit le mutisme des arbres abasourdis
Devant l'oscillation de la corde,
Comment oublier la compagnie bavarde des femmes
Sur le chemin du marché le matin ?

Quand j'abandonnerai ces ombres,
En elles resteront les camps de la mort,
Les voix effilochées tressées aux racines des arbres

De l'autre côté de cette vie,

La profondeur des sources jamais découvertes,

Promptes au baiser joyeux de ta soif.

## LE RETOUR DU SAVOIR

Ils pourront brûler les corps en flambées d'aubépines
Cachées dans les défilés de la terreur,
Ils pourront nous arracher l'air qui s'emplit de vers luisants
Quand fleurissent les lilas saupoudrant l'après-midi de pollen doré,
Exterminer les esprits brillants qui illuminent la vie,
Jamais ne parviendront-ils à éteindre les braises du savoir.

En un sabbat de haine et de puissance, opacifier l'auréole des siècles
Avec l'espoir de l'extinction définitive,
Obscurcir les caprices du vent avec la fumée maligne
Qui n'en finit point de monter vers les nuées,
Ou assombrir un temps piégé dans les aberrations de l'histoire,
Jamais n'arracheront-ils la fleur immarcescible de la connaissance.

À travers les lèvres des mêmes voyants renaîtront
Les fragances du savoir millénaire, restituant sa force à la parole.
Une parole qui jamais ne perdra la joie de son nom
Effeuillé comme une corolle parfumant les vallées,
Les collines, les petits villages perdus dans les contreforts de l'oubli.
Dans les villes, les gens bigarrés arboreront leur vocation de vie.

Ils pourront toujours convoquer les dieux sombres de l'arcane,
Mais les gorges des oracles renés nous diront leur vérité,
Avec les voix réchappées du feu,

Celles qui éclatèrent en sanglots vers les nuages
Pour être de nouveau dans la fontaine indestructible du savoir.

Celles qui éclatèrent en sanglots vers les nuages
Pour être de nouveau dans la fontaine indestructible du savoir.

# ÉGALITÉ

**E**n quelque lieu que se dressera un homme,
L'on saura qu'il s'agit d'un être unique et extraordinaire
Contemplant le visage des autres devant lui,
Extraordinaires aussi au miroir de ses yeux,
Telles les feuilles qui entonnent leur chanson d'automne
Avant l'hiver, tous enfants du même malheur,
Dignes souverains d'eux-mêmes.

La cicatrice des coups de dent de l'horreur
Se changera en une résine de lauriers qui parfumera
Avec insistance la totalité du cosmos.
Après le deuil et l'adversité,
Ils absorberont, le visage méditatif,
Le breuvage magique qui les égalise tous.

Extraordinaires et certainement égaux,
Ils continueront sur les sentiers de l'être
Jusqu'à atteindre la coupe suprême.

## INDIFFÉRENCE

**O**ù poser les yeux à fin d'éviter la marée
Qui monte depuis les vendettas de l'histoire ?
Avec quel coton se boucher les oreilles
Afin d'étouffer les voix souffrantes qui exigent une réponse ?
Sur les toits dévastés,
La menace étend sa présence carnivore,
Regardant par les vitres embuées des fenêtres,
Sous la splendeur d'une lune en faillite.

De gros nuages néfastes enflent démesurément
En buvant aux sources du mal.
Sur la chaussée, l'on entend un claquement irréversible
Qui compose la partition de la force,
Et, sur les lèvres de la terreur, la parole mielleuse
Déforme les discours avec ses promesses trompeuses.

Les desseins cheminent déguisés comme des vautours
Désireux de commencer leur festin.
Une poule couve dans les pondoirs un œuf noir de délire pervers,
Vision apocalyptique qui obscurcit la terre et nous dénigre.

L'œuf grossit avec la respiration de la foule
Qui s'agglutine, et, de sa coquille brisée,
Se libèrent des poussins vêtus de noir

Qui arborent une crête incarnate.
Les jours se débattent devant les yeux d'un monde aveugle
Qui ne veut rien en savoir.
Tout se passe aux limites d'un espace qui semble invisible,
En un éloignement dont personne ne se souvient,
Comme si l'oubli était un laissez-passer valide.

Les puissants se ferment la bouche
Avec les mains de la prudence,
Semblables aux trois petits singes d'un savoir sans préjugés.
Vu de loin, tout paraît plus distant et étranger.
Des subterfuges astucieux affublent la violence de surnoms.
À coup de pierres de silence, on lapide les cris indignés inopérants,
Pendant que redouble la tempête.

Personne n'écoute, ne voit, ne crie, ni ne gémit.
Les protestations, comme des pénitents apeurés,
Restent sans voix.
Le crime s'installe dans les salles de bal,
Appliquant la dialectique calculée de l'ordre.
La bête exaltée se dresse sur le podium,
Et, engloutissant le plat de résistance, accroît ses forces.
Pendant ce temps dans les camps, transis de froid,
Les locataires de l'horreur invoquent le Créateur,
Suppliant qu'il leur donne une réponse.

## LE MUGISSEMENT

**A** quelle heure cruciale
L'homme a-t-il perdu le rythme de ses battements de cœur ?
Sur quel trottoir sans arbres et sur quels champs sans épis
Le roucoulement de l'amour est-il mort,
Poursuivi par le Léviathan ?

Sur les récifs s'échoua
La bave sale des théories,
Liquidant l'éclat de l'été
Sur les angles des pierres où dansottait un soleil
Innocent comme les astres sortant se balader la nuit.
Une émanation interminable assombrit le ciel constellé
Qui accueillait d'une amitié céleste les murmures du printemps
À l'époque des semailles.
Les arbres prirent le deuil,
Leurs racines s'échangeant des secrets sous la terre.

De quel désert s'est écoulé le sable
Qui a séché la semence des préceptes ?
En quel enfer s'est rabougrie la main
Qui s'ouvrait comme une cruche fleurie
À l'heure d'apaiser l'assoiffé ?

La conscience est devenue épave

Sur les récifs d'un monde vaincu,
Comme une tour élevée en l'honneur
De la dévastation de l'aurore.

Les âmes ne seraient-elles point aussi transparentes
Que les ailes du papillon
Dont le vol a surclassé les excès du délire ?

Durant quelle nuit stérile naquit le petit
Impétueux de la hyène ?

Perdues au-dessus d'une pleine mer déboussolée,
Les comètes errent au hasard,
Cherchant vainement un endroit où jeter l'ancre,
Au-delà de la mort.
Où recueillir les larmes,
Afin que ne se déchaîne point de nouveau le déluge ?
Comment escalader les branchages de l'arbre sacré
Pour parvenir au cœur de l'infini ?

## VENT

Vent,
Houle d'air tourbillonnante
Qui rase la coupable solitude,
Tu lèves les sables de ta langue,
Comme un fouet qui cingle les joues.
Tes rafales résonnent sur les tempes,
Similaires à des trains en fuite vers le néant.
Des lèvres inertes tu recueilles
Les paroles orphelines de l'adieu.

Tu te renverses,
Tu te laisses aller,
Tu t'accommodes,
Tu résistes,
Pendant que les heures égrènent leur lente litanie.
Dans tes virées, cavalcadent les vapeurs malsaines,
La saveur détrônée des nouveaux printemps,
Le soleil des étés dans des yeux implorants,
La neige des pins tachée de nuage de fumée.

Sur les champs, tu brames ta plainte enrouée,
Dans les bois, tu fais du tapage auprès des nids vides,
Et dans des étangs anonymes,
Tu touilles sur ton passage les mille noms aphones

Qui feront germer l'épi.

Comme le temps tourne,
Tourne le vent.

## ICI

**I**ci,

En cette minute même,

Dehors,

Dans l’éternité de l’instant

Et la fugacité du paysage,

Je n’existe pas,

Totalement concrète

Et éphémèrement absolue,

Je me brise

Devant la perversité.

## DESTIN

Ces farines cendrées alimenteront les racines
Des lieux où les vents desséchèrent la moelle de la joie.
Ici où ils nous bouchèrent la gorge
Germera la semence,
Entonnant la chanson de la renaissance
Depuis les jus savoureux du cotylédon.

Hymne de béatitude
En chaque feuille que caresse la brise matinale,
En chaque grain de sable des dunes,
En chaque bulle qui éclate dans la mousse,
Chant pour ce lieu qui nous attend
Au-delà de tant d'obscurité,
Plus loin encore,
Là où termineront les errances et se lèveront
Les journées joyeuses des retrouvailles.

## LE COMMANDEMENT

**O**h, monde que nous habitons,
Lieu que nous concéda le Créateur
Pour y inventer le feu !
Oh, guerre insatiable,
Vengeance irrédimée sur toi !
Le crime t'a endeuillé depuis que Caïn
Porta sur Abel la main assassine,
Et que le Seigneur mit un signe miséricordieux
Sur son front,
Voyageur errant d'innombrables lunes.

Oh, monde qui nous habite,
Lieu auquel nous fûmes destinés !
Avec quelle voix,
Avec quelle épée,
Avec quel insigne avilissant
T'avons-nous outragé oubliant le commandement ?

## PRIÈRE

Aime-moi, Seigneur,
Aime-moi !
J'ai besoin de toi à toute heure,
En chaque battement de mon angoisse,
En chaque recherche de ton nom.

Aime-moi dans mes nuits d'angoisse
Et quand couronnent mon front
Les pampres joviaux du bonheur !
Aime-moi toujours,
Oh, bienheureux,
Comme quand tu faisais dorer mon âme
Dans la forge de ta pitié
En l'honneur d'un plan que j'ignorais !

Ne m'abandonne pas, Seigneur,
Même si mon cœur déraisonne,
Même si je me perds
Dans les labyrinthes irréconciliables du mal,
Sur les routes fuyantes du désert,
Et que j'assiste à la démolition de l'aurore !

Montre-moi le chemin qui mène à ta présence,
Et jusqu'à toi j'irai,

Avec mes sacoches vides,
Pour t'offrir, aussi petite soit-elle,
Ma pensée soumise !

## LES PLEURS DE L'ARBRE

Une branche dorée en automne
S'agite à la fenêtre de mes yeux,
Légèrement le fait-elle, m'apportant des souvenirs
De réverbérations du soleil que je ne peux voir depuis la baraque,
Souvenirs qui dansent
Sur la courbe des pierres ardentes de l'été.

Une branche dorée en cet automne
Me libère pour un moment de l'image macabre,
Du venin de l'air qui recouvre tout
En un va-et-vient ignoble.

Cette branche dorée en automne
S'apitoie sur les outrages de la démence,
Et laisse tomber,
Depuis les nervures de ses feuilles,
Les pleurs silencieux de l'arbre blessé.

## ILS ENSEMENCERONT LA TERRE

Le Léviathan a accompli sa tache.
Les cavaliers de l'Apocalypse polluèrent
De leurs urines la brise heureuse des crépuscules,
Quand nous retournions de l'étang aux lilas et aux jars sauvages,
Sous les reflets naissants d'une lune sans nuages.
Ta main tiède dans les mains d'un pèlerinage d'amour.

Ah ! Cette volée d'étoiles qui sillonnait le firmament
Tels des voiliers prêts à prendre la mer,
Quand les oiseaux migrateurs s'emmitouflaient dans leurs nids,
Prompts à s'endormir !

Il ne resta pas de pierre sur la pierre.
Même les murs, qui mettaient des digues au torrent
De nos baisers,
Portent en eux les vestiges de la démolition.
Les autels de l'offrande sont restés vides,
Leurs nappes éparpillées sur le sol,
Et dans le samovar,
Les bulles, disposées au rituel partagé,
Ont cessé d'attiédir de leur plainte
La table servie.

Nous sommes partis vers les précipices à l'horizon

Et nous sommes entrés dans la mort, comme l'on entre dans la vie,
La vie que tu nous donnas, Seigneur, après celle-là.

L'air s'est changé en pierre,
Et la pierre a habité nos corps,
Mais la poussière de nos pieds
Rétribuera les camps de la mort,
Et nos cendres ensemenceront la terre,
Ouvrant les corolles qui renaîtront pour toujours
Chaque matin de printemps,
Emportant le secret de nos noms
Au dos de leurs pétales.
Notre respiration s'est échouée
Dans l'obscurité de la réclusion,
Mais le monde continuera à se lever chaque jour,
Aspirant notre haleine depuis les fosses illuminées
D'un vol de lucioles éblouies par le soleil.

Ce qu'ils tentèrent d'oblitérer pour toujours
Sortira à leur encontre chaque fois que fondront
Les neiges d'antan,
Et ils verront nos visages dans chaque fleur,
Dans chaque graine,
Dans chaque tronc couronné d'oiseaux,
Parce que, dans le temps détaché de l'éternité,
Rien ne se perd, tout se transforme.

## JE N'ACCEPTE PAS

Je n'accepte pas qu'ils effacent mon nom
Aussi facilement que l'on détrône l'aurore,
Qu'ils ignorent la joie de mes parents
Quand ils prononcèrent mon nom pour la première fois,
Le laurier sonore de ses lettres
Vibrant à jamais devant moi depuis le berceau
Comme un joyau d'amour modulé par leurs lèvres.

Ils peuvent tatouer sur ma peau un nombre
Sans mémoire d'alors,
Comme un signe étrange de bassesse
Etranger à ce temps-là,
Où chantaient sur le toit
Les nuées généreuses autour du nid de cigognes.
Ils peuvent compléter méticuleusement
Les archives du mal
En y portant les chiffres innombrables de la mort,
Mais ils ne pourront jamais séparer de moi
Le nom qui, comme une couronne immatérielle,
Orne mon front depuis le jour initial de mon existence.

## DÉTACHEMENT

**D**es cordes de mort ils me passèrent autour du cou,
Avec férocité ils éloignèrent le nourrisson tétant
De mes mamelons gorgés,
De ma source de lait, ils coupèrent le flot
Pour mieux brimer les pleurs,
Accentuant plus encore la brisure de l'innocent.

Mon affliction demanda justice en hurlant aux cieux
Quand ils creusèrent un trou dans la courbe de ma tendresse.
Le lieu où florissait ma joie se remplit de ténèbres
Et je réclamai le fruit de mon cœur,
Avec pour toute réponse la haine
Dans les yeux hautains de mes oppresseurs.

Mais moi je sais bien que mon enfant est réveillé,
Et que, dans le giron de ton manteau, il agite ses menottes
Pleines de confiance, un sourire aux lèvres,
Parce que tu es le Sauveur qui corrige
Les chemins tortueux de la terre,
Et moi, j'entrerai dans la tombe
Avec la certitude de notre rencontre.

## VIENS, AMIE COMPATISSANTE

Viens, amie compatissante,
Laisse-moi sortir de ma propre peau,
Me diluer dans le mystère !
Mon être, pure brume à la recherche de la compassion
Et de l'espérance !
Laisse-moi passer d'une constellation à l'autre
Jusqu'à ce que j'atteigne la présence de Celui
Qui est omniscient !
Permets-moi d'être admis à son plan absolu,
Le cœur en paix,
Libre déjà de la mémoire endurcie,
De la douleur appelée à perdurer chez les enfants de mes enfants,
De la mesquinerie ou du sacrifice multipliés
Autour du temps qui m'enveloppe !

Rappelle-moi que j'existe,
Et que j'existerai toujours,
Dans les visages de la désolation et du courage !
Réponds-moi pourquoi,
Et je comprendrai alors que j'aurai servi à quelque chose !

## HABITANTE DE LA TERRE

**H**abitante de la terre,
Tu navigues aidée d'une boussole indécise sur l'océan des faits,
Encoche de lumière contenue dans les contours du corps,
Ignorante de toi-même,
Germinale,
Fibre et voix, promesse, pouls et destin.
Jusqu'à cette demeure tu es arrivée,
Désireuse de compléter l'œuvre divine du Créateur.
De tes mains tu la conclus,
Par ta fécondation tu la répands,
Fidèle à ta pensée, tu inventes le futur.

Loué soit le centre minuscule de ton être,
Parce qu'ils sont terminés tes jours de tourmente !
Du puits de la désolation, tu émerges prompte
À l'appel qui nous unit à la danse planétaire
Dans la répétition pérenne des orbites,
Survivante de l'inondation saumâtre des larmes,
Des plaintes murées par le silence,
Langues crucifiées dans les madriers de la peur.

Les forces en manque, tu erres dans les camps d'extermination,
Où l'on asphyxie la fleur des trèfles jamais trouvés,
Où jusqu'à la limite du cri résistent les épis.

L’orchestre sanglote dans la cour, annonçant le retour de la sortie
Et agrémentant le mouvement des pas de quelque marches martiales.

Un grand vent imprévu éparpille les vapeurs du sabbat
Et secoue de son haleine pestilentielle les fanions incrustés
Dans l’échine de la résistance.
L’ombre des pinèdes se perd dans la pénombre
Qui voile les yeux tristes,
Laissant en eux comme une tache indélébile.

Une haleine noire monte depuis les camps.
Les vapeurs migrantes remettent leurs missives de mort
Avec la ponctualité de l’astre souverain.
Tu résistes, tel un garde forestier qui sauve des corps vaincus
Le chant moribond des oiseaux
Dans l’ultime tranchée de la vie.

Âme pèlerine,
Passante solaire de l’infini,
Libérée des pénuries et des peines,
Grimpeuse impénitente des côtes qui atteignent
À la source primitive après l’outrage !
Surmontant la douleur, tu parviendras à l’origine de la divinité
Pour savourer les nourritures du bien
Servies en unc coupe resplendissante !

## ASCENSION

**D**epuis le réduit de la mort s'élèvent
Les racines de l'Arbre de vie,
Depuis la coupe glorieuse qui boit du sol fertile,
Où la main cruelle ne perturbe point la tiédeur des nids,
Ni ne bâillonne le gazouillement auroral des oiseaux,
Là où résonne, tel un voile qui embrasse et purifie,
La musique inaudible de l'univers.

## LE RETOUR DE LA PAIX

Ils pourront brûler les corps
Dans les flambées de l'inconscience,
Mais jamais faire macérer la branche verdie de la connaissance.
En une orgie de haine et de puissance, ils pourront incinérer
L'auréole pèlerine des siècles,
Mais jamais nous empêcher de parvenir au jardin où tu demeures.
Le vent éparpillera les cendres sans défense
Autour de la circonférence d'un temps pris au piège
Des cauchemars de l'histoire,
Mais la flamme asservissante ne consumera point la fleur vitale
Qui nourrit les demeures de l'univers.

Des lèvres du voyant, reviendront les voix nées de nouveau,
Qui nous restitueront le diadème du bonheur,
Le bonheur de nous réunir avec toi, Seigneur,
Lors des accordailles de l'amour et de la sagesse.

## LE CIMETIÈRE DE PRAGUE

Les roses élèvent une déclaration d'arômes
Sans langage d'épines
Dans le trou vide des tombes sans nom.
Le colibri présent bénissant d'un battement d'ailes,
Elles déclament la consécration de la vie
Depuis le coucher du soleil jusqu'aux ultimes lueurs de l'aube.

Bénis soyons-nous les absents,
Nous qui partîmes vers de nouveaux desseins en ignorant le chemin,
Nous qui trouvâmes un lit de roses
Préparé pour nous sur les versants du cimetière !
Saints sont les champs, où fleurissent les roses
Qui nous attendent au bord des sentiers de l'univers !

Les sépultures restèrent orphelines,
Et nous nous en allâmes avant que notre temps ne fût venu,
Sans pouvoir dire adieu à ceux que nous aimions.
Cependant, les roses élèvent vers le ciel la célébration de la vie,
Défiant le commandement de la désolation.
Elles propagent l'écho de nos noms
Dans l'air, parfumant l'après-midi
Depuis le sanctuaire intime de leurs pétales,
Corroborant ainsi notre existence.

# FOI

Les oracles effeuilleront les corolles laissées
Sur le lieu abandonné, où nous dûmes reposer en paix.
Répétant nos noms, ils éplucheront
La mémoire des cyprès qui abritent les ombres errantes,
Et des psaumes de vénération bruineront depuis les tombes en friche,
Annonçant que rien ne pourra venir détruire la force de la foi.

## UN JOUR, DANS L'ÉTERNITÉ

Le souvenir d'anciennes bassesses
S'acharnera sur la mémoire de l'impie,
Comme des vers dans les pommes pourries
Réparties dans les camps désertés
Jusqu'à ce que vienne un jour
– Une fois écoulés des siècles et des siècles –
Où tous les hommes partageront ta table
Dressée sur les nappes de l'éternité.

Libres désormais de tout fléau, et à jour de leurs dettes,
Allégés des scorpions qui mordent avec férocité
Le cœur repenti de l'impie,
Les hérauts de l'enfer connaîtront ton nom
Et observeront enfin ta justice.

## APRÈS LE SUPPLICE

Autour de ce séjour en enfer
Mes joies anciennes danseront,
La table entourée de farfadets,
Porteurs de coffrets où découchent
Mes désirs les plus chers,
Mes petites misères, cette illusion obstinée.

Mes pieds dessineront la chorégraphie des festivités
Qui consacreront l'amour à la vue approbatrice de tes yeux,
Et durant les nuits,
Quand les mains de mon aimé parcourront mon corps,
Le torrent de mon plaisir dansera dans mes veines
Revenues à la vie.

L'allégresse inventera de nouveaux pas,
Saluant les fleurs qui couronneront mon front,
Et l'abondance de pains couvrira la table
D'odeurs délicieuses remémorant le bonheur qui fut.

Vêtu de candeur et de mousseline,
L'éclat moulera ma ceinture avant l'offrande,
Et sur mes épaules glisseront souriants les rayons du soleil
Au contact de la fraîcheur de ma peau,
Le lendemain des noces.

Rien de ce supplice ne perdurera dans mes pupilles.
La lumière aveuglera les ténèbres et, de ces épines,
Pousseront des boutons qui caresseront mon cœur,
Eclairant mes yeux fixés sur le port,
Où finalement je devrai jeter l'ancre.

## NE TE SENS PAS TRAHI

**Ne** te sens pas trahi au milieu de l'aberration :
Les plus inquiétantes tribulations se calment
A l'ombre de la sagesse.
Des cheminées hautaines comme des sentinelles de méchanceté
S'échappent des cercles de lumière qui s'entremêlent à la fumée.
Des ondes migratoires enveloppent les plaines cosmiques,
De demeure en demeure, d'astre en astéroïde.
Elles errent depuis les grottes de la démence jusqu'à l'enceinte sacrée,
De l'outrage de la lumière aux émanations de l'être.

Des cercles resplendissants montent depuis la fournaise,
Déversant sur les mots le sens qui dévoile les mystères,
Des cercles de lumière autour de l'énigme,
Redressant les sentiers troubles de l'erreur.
Ils plantent des étoiles dans la blessure,
Consolant la plainte à propos de tout ce qui a été perdu.

Ne crois pas que le savoir des morts n'aille se consumer
Comme les feuilles mortes les jours de brûlage,
Ne le crois pas !
L'esprit invincible sillonne le firmament
Et se réintègre dans l'œil de la lumière,
Sur le diadème éblouissant de la connaissance.

## LE PÈLERINAGE

Loués soient ceux qui tendent la main
A ceux qui vont en pèlerinage dans des contrées ignorées,
Fidèles à l'appel de la liberté
Depuis le début de temps immémoriaux !

Loués ceux qui invitent les autres
A voyager au-delà de la terre,
Partant depuis l'obscurité abominable
Vers les ports de l'aube sainte,
Sans qu'il leur importe de savoir comment ils mangent le pain
Ou quel est le visage de leurs dieux !

Loués les enfants qui jouent avec leurs fils,
Ignorants des vexations et de l'intolérance !
Derrière la balle de chiffon ils courent ensemble,
Leurs poupées elles allaitent avec le même amour.
Unanimes, ils avancent à travers les corridors du ciel
En une procession ordonnée et courageuse.

En une file ondulante ils entourent les versants du cosmos,
Détachés pour toujours de la terreur.
Ils marchent lumineux, laissant derrière eux
Une traînée de béatitude durant les nuits sans lune,
Parce que devant l'Absolu nous sommes tous égaux,

Nés de la même argile de la même source des mains du Seigneur,
Créés tous pour grandir en complétant son œuvre.

Ne vois-tu pas au plus haut des cieux un ruban d'argent flottant
Entre les constellations ?
Depuis les misères terrestres ils se dirigent
Vers les jardins où règne celle depuis toujours désirée.
N'entends-tu point le murmure des âmes qui avancent
A travers les sentiers de l'univers ?
Sereinement ils montent sans effort,
Ils se déplacent sur l'haleine des astres,
Seulement attentifs aux lois du cosmos.

Ce n'est pas le coude d'une comète
Entonnant des arias d'hommage,
Ni un concile d'astres solidaires,
C'est le pèlerinage consacré de l'aurore.

Ce sont eux,
Les condamnés à mort
Par les bourreaux d'un siècle aliéné.
Eux,
Les élus pour s'élever ensemble après l'injure,
Chargeant dans leurs sacoches la souffrance qui les nivèlent tous,
Eux, en d'autres temps dénigrés,
Exaltés maintenant par les desseins secrets du Créateur.

## VOLUTES DE FUMÉE

Les aiguilles de pin reprisent les haillons d'un soleil cendré.
Le murmure du feuillage réduit le fracas des portes de fer
Qui se referment sur les corps.
Depuis des tours fantômes, se répandent des volutes de fumée
Sur le recueillement des bois,
Des volutes de fumée qui se séparent, se prêtant aux ondes du vent,
Et qui suivent la trace des oiseaux qui s'en sont allés
Au-delà des montagnes franchir les vestiges d'un culte sacrilège,
Des volutes de fumée qui entourent les nuages réunis pour lâcher
Des averses de peine sur les dernières braises de la journée.

Dans le lointain sont restés les barbelés de l'opprobre
Sous la lumière épouvantée de la lune,
La table parée avec le pain du dîner d'avant,
Les roues des trains se plaignant
Sur les traverses du malheur,
L'assiette en fer-blanc où flottait une vie qui sentait les adieux.

La Terre au loin demeure.
Elle n'est rien de plus qu'un mirage distant en miniature.
Les visages, les sens, la marche quotidienne, la forme des choses,
L'air, le feu, l'eau, la peau, les baisers, ne sont qu'un film
Qui s'estompe hors de l'éternité.
Les villes dévastées ne sont qu'un cauchemar

Qui se dissipe.
Le terroir, les métropoles, les agglomérations,
Le lit de l'amour,
La sensualité d'une femme endormie sur un volcan éteint,
Ne sont que des ombres vagabondes
À l'intérieur d'une demeure abandonnée.
Sur des volutes de fumée, des chandelles allumées.
Une multitude d'âmes marche face à l'univers
Traçant un sentier ondulant entre les étoiles.
L'une après l'autre, elles montent en pèlerinage, illuminant sur leur passage
La distance illimitée où résonnent des arpèges
Qui couvrent les paroles.
Une paix inconnue inonde leur trajet
Vers les régions immarcescibles.
La beauté, l'amour et le savoir accourent les recevoir
Avec des couronnes d'allégresse.
Oh, multitude d'âmes qui unit la Terre aux contrées
Où demeurent les anges !
Loué soit le Seigneur qui dénoua la corde du tourment !

Une rosée iridescente humidifie les champs.

## LES OUBLIÉS

**I**

Les cyprès en deuil versent des larmes de sève
Sur ceux qui n'ont personne pour leur chanter un poème.
Depuis leurs becs, les petits oiseaux migrateurs bruinent
Une noire lamentation en faveur de ceux à qui manque un autel
Où offrir le pain de la mémoire.

D'innombrables traversées au livre de bord de la vie
Poussent les déracinés à se couper des endroits aimés
Laissés à l'abandon,
Comme si l'ultime soupir de leurs lèvres
N'était qu'un tourbillon de feuilles frémissantes
Sur les routes d'un temps qui se perd.

Des nuages de poussière brumeuse s'approchent,
Qui arborent le fatidique avertissement.
Ils assombrissent toute la certitude
Du surhomme drapé dans sa tragique superbe.
Le siècle, enveloppé dans des ombres,
S'apitoie sur le râle du moribond,
Qui s'en va le regard rivé au ciel,
Désireux qu'il est de la verdeur des prairies
Ou de l'abrupte côte de pierres.
Solitudes libertaires passant en roulottes,

Pèlerinage festif, vagabondage hautain.

Des nuages de poussière brumeuse s'approchent.
Un clocher de lamentations dissonantes
Secoue les contreforts des petits villages proches,
Etouffant l'appel nocturne des grillons,
La stupéfaction d'un astre en fuite,
Les ultimes notes d'un chant flamenco.

Sur le campement faseye contre le vent
Des cris de désarroi.
Avec la vigueur retorse de l'outrage, les empotés offensent
Le mamelon des nards récemment ouverts.
Les collines souillées pleurent,
Ainsi que les toits désertés par les cigognes qui, expulsées,
S'en sont allés en un vacarme de battement d'ailes.
Les chevaux, pendant ce temps, hennissent leur protestation.
Il n'y a plus personne, ils sont tous partis.

Des nuages de fumée brumeuse enveloppent le bois,
Effilochure désolée qui s'éloigne,
Dans les régions de la mort, la grande égalisatrice,
Dont les chants de bronze soutiennent encore,
Sur la dalle partagée du sacrifice,
Le défi robuste de sa lignée.

## II

Décombres de silence,
Murmures étouffés derrière les pierres.
Le silence est un témoin complice de l'oubli.

Où sont les clameurs contre le massacre,
Où sont-elles ?
Pas même les oiseaux ne modulèrent ton nom
Pour enflammer avec leur trille le guet,
Ni une fleur,
Chant profond qui est le tien sur le tapis des prés.

Où sont les clameurs,
Où sont-elles ?
Les mains comme des boutons ouverts en l'air.
Ta mort a été effacée de l'histoire comme si tu n'avais pas existé,
Comme si tu ne t'étais pas élevée toi aussi vers les nuées,
La passion au fond des yeux qui s'enquiert de la vie
Et les pieds qui claquent sur l'estrade de la désolation.

Où sont les clameurs contre l'extermination,
Où sont-elles ?
En quelle grotte sans mémoire ont-elles cherché asile,
Dans quel aveugle bastion de silence,
Dans quelle région sans souvenirs se sont perdues

Les marées de couleur de ta chevelure ?
Tu n’as personne pour te défendre,
Ni pour dire une prière en faveur de ta suffocation vagabonde.

Où sont les clameurs,
Où sont-elles ?
Béni soit le peuple qui a quelqu’un pour le pleurer
Et élever des monuments d’amour à sa mémoire !
Béni soit celui qui accueille l’aura de l’oublié
Comme une compagne de voyage vers la Lumière !

Que les cœurs ne se taisent point !
Qu’ils ne se taisent point !

SIMONE VEIL, SURVIVANTE DES CAMPS DE LA MORT,
LORS DE SON RETOUR À AUSCHWITZ EN JANVIER 2005

# PSAUMES

1

Même si je me perds dans la carte de tes desseins
Et que mon sang arrose les plants innocents
Qui entourent les hameaux abandonnés,
Je n'en reconnais pas moins le chemin que tu as tracé pour moi.
Arbre au fruit ardent, je resterai à ton côté,
Même si l'ouragan arrache la petite plante illusoire
De la plate-bande la plus chérie de mon verger.

Mes adversaires, disséminés de par les camps, se multiplient.
Comme des légions de champignons vénéneux, ils se propagent.
Sous la paille de ma couche, ils guettent,
Attentifs aux moindres soubresauts de ma respiration,
Mais toi, tu me couvres d'un manteau de lumière,
Quand souffre un violon sur le toit des baraques,
Et, à mes côtés, tu demeures, entonnant une berceuse
Jusqu'à ce que je m'endorme.
Les sbires, qui savourent mon impuissance, se dressent devant moi.
Durant les journées brûlantes de l'été et dans la taciturne saison
Des chutes de neige, ils se distraient du tremblement de mes mains.

Peu importe que je me couche chaque soir en sachant qu'ils me mettront
Sur le front une couronne d'infamie le matin suivant,
Je fermerai les yeux et je voyagerai vers toi, pour que ta présence fasse
Taire les clameurs de la bassesse.

Et, dans l'obscurité qui m'entoure,
Qu'apparaisse près de ma paillasse une flamme qui éclaire
Ma prière de l'éclat de ton nom !

## 2

Écoute mon gémissement, Seigneur,
Et délivre-moi de l'iniquité !
Nue j'entrerai en ta demeure,
Couverte seulement de mon aura tremblante.
Le sentier par toi indiqué je suivrai, sans jamais en questionner l'itinéraire.
Sans parures à tes pieds je viendrai me jeter,
Consciente d'avoir tout perdu pendant le trajet,
Sauf la boussole qui m'aura conduit à la maison du pardon.

Depuis le tombeau ouvert par mes adversaires,
Je me lèverai pour témoigner.
Étendue sur les feuilles mortes, je me réjouirai
Car la souffrance est éphémère,
Mais la roche de l'amour, elle, demeure pour toujours,
Qui défie les affronts de l'impie,
Et mes oppresseurs auront honte.
Jusqu'à quand les mauvais traitements envers ton nom, Seigneur ?
Jusqu'à quand devrai-je manger la poussière de l'ignominie ?

Une congrégation d'âmes bonnes parviendra jusqu'à toi,
Libérées des misères imposées par le persécuteur,
Parce que celles-ci n'ont pas de vie éternelle comme toi.
Écoute les pleurs de mon cœur ces nuits
Où le souffle de l'hiver congèle mes os

Et que l'étreinte de ma mère, qui calmait mon sommeil, n'est plus !

Du plus haut, viens me sauver de l'humiliant fourneau des ombres !

Franchis les couloirs de la mort, arrive jusqu'à ma couche,

Et assieds-toi à mes côtés

Pour que je puisse dormir enfin tranquille entre tes bras !

Oh, Seigneur, toi qui peux tout !

### 3

**M**es ennemis tomberont dans le tombeau creusé par l'erreur
Forgée dans les chaudrons de l'orgueil.
Là où ils desséchèrent nos noms, ils resteront,
Car le bâton de la justice assène son coup quand Dieu seul décide.
Au bord des étangs sinistres, les fleurs du mal faneront,
Et, dans les camps de la mort, les lilas renaîtront.
Ton sceptre justicier montrera l'étendue de son pouvoir
Jusqu'à ce que l'insolent l'ait enfin compris,
Car personne ne peut agresser de flèches de haine
Les tremblantes palpitations de la vie.

## 4

**L**’aversion enfanta une myriade de petites créatures vindicatives,
Qui, de dédaigneuses, devinrent même furieuses,
Accroissant la rancune née des excès du temps.
Si notre existence provoqua le sabbat,
Notre sacrifice, lui, démontera la cuirasse du bourreau
Dans les contreforts de l’enfer.
Sous des prétextes issus de la rancœur,
Elles sarclèrent les champs de menthe et de fruits de la passion
Et séchèrent les lentisques où germaient les jours du lendemain.

Où étais-tu, Seigneur, quand en tes lieux, on mit des tours sauvages ?
Où étais-tu quand on étrangla l’arôme des récoltes ?
Je ne sais, mais en toi j’ai confiance.
Si tu nous ordonnas de boire l’absinthe de l’exil et de l’ignominie,
Ce doit être parce que tu croyais que nous pourrions le supporter,
Comme l’on endure l’orphelinage de l’eau dans les puits desséchés
Lors des marches agonisantes au désert.
Sur les ondes de ta lumière voyageront les réponses
Jusqu’aux cœurs de nos enfants et ceux des enfants de leurs enfants.
Malgré les ténèbres, je crois en toi, Seigneur,
Car je sais que rien ne se produit impunément.

**5**

**Le** conflit ne se serait-il pas terminé
Avec la déroute de ceux qui nous ont affligés ?
Tant de voies ferrées parcourues dans les wagons de la honte vers
Les gares du deuil, et l'on ignore encore la vermoulure de l'orgueil ?

Ne permets à personne d'ignore le destin des nôtres, ni celui
Des autres qui moururent sur les autels sataniques du sacrifice !
Qu'il ne tombe pas dans l'oubli l'agneau qui monta au ciel,
Tel l'étendard de la libération
Depuis la solitaire consécration de la mort !

Après cette aberration, peut-être que d'autres suivront,
Qui auront des noms et des motifs distincts :
Il en a toujours été ainsi des recoins ténébreux du devenir
Avant la venue de la lumière.
La répudiation de l'autre se diluera, comme la flamme privée d'air
Dans les derniers tisons de la vergogne.

Un jour, je ne sais si ce sera dans un siècle ou deux,
Le stigmate de la discrimination disparaîtra sous la honte des cieux,
Embarrassés de croître au détriment de l'innocent.
Parmi les propagateurs de la mort, qui osera lever les yeux
Sur les visages resurgis
Des fosses de l'injure ?

Comme le serpent vaincu, ils chercheront une cachette
Pour faire leur mue, ayant accepté que nous sommes tous égaux,
Tous D'un Dieu qui nous aime les fils,
Investis d'un destin qui se perd dans les contreforts
De l'ignorance.

**6**

**À** l'abri de ta bonté, nous sommes entrés dans la nuit,
Secoués d'un tremblement de peur qui court sous la peau.
Quand descendra des cimes ta récompense,
Véritable nourriture du ciel ?
Ce pèlerinage me rappelle le désert, dans lequel chaque matin
Irradiait le soleil qui nous apportait une nouvelle espérance.
L'espérance, de toutes les bénédictions la plus précieuse.

En cette marche à l'aveuglette vers le crépuscule, comment ne pas
Penser à ce périple durant lequel nos pieds s'enfoncèrent
Dans les sables brûlants du désert,
Quand le sel brûlait nos joues et que les couleuvres
Se réfugiaient sous les pierres autour de nous ?
Tant nous errâmes sur le chemin de la mort, sous l'emprise
D'une menace permanente qui faisait se contracter nos cœurs,
Avec l'espoir pourtant de la promesse née de tes lèvres :
La terre où tu demeures, Seigneur, attendant tes fidèles !

Sous l'aile de ta bienveillance, nous atteindrons une fois encore
Le lieu que tu tiens réservé pour nous après l'immolation,
Parce que tu ne laisses rien au hasard, et que ma confiance est
Un roc qui se dresse sur les attributs de la divinité.

## 7

**S**i tu m'accueilles à tes côtés, si tu me tends les bras,
Cette saison en enfer n'aura été finalement rien de plus
Qu'un mirage de l'angoisse.
Les blessures ouvertes s'effaceront, telles les empreintes
D'un fauve arrachées du sable par les tourbillons du vent
Et qui vont, s'en vont
Vers le territoire de l'acceptation irrémédiable,
Navires ouvrant routes nouvelles après moult naufrages.

Seigneur, gomme de nos cœurs les vestiges de l'opprobre,
Pour que nous puissions dormir aimant de nouveau la vie !
Avec pitié rince nos âmes et mets-les à sécher au soleil
Comme on le ferait de mouchoirs trempés de larmes !

Que mon âme devienne un miroir pour ceux qui me voulurent
Du mal dans les camps payés par les cendres chéries
Dispersées dans la vallée de la mémoire !
Parce que Dieu est pieux et me tend les bras,
Que l'arôme de nos âmes fustige les nuits de ceux
Qui m'ont dénigrée !
Qu'ils voient la porte ouverte, ceux qui désirèrent ma peine !
Parce que tu es compatissant, et à ton image tu me fis.

N'aies pas peur de pardonner à ceux qui n'étaient pas coupables !

Eux qui doivent vivre avec le fantôme de leurs grands-parents
Qui rôde la nuit.

Je ne me changerai pas en plantation de chardons et d'épines
Où s'écorcheraient les pieds des enfants du présent,
Mais en un sanctuaire qui plaise à mon Seigneur.
Aux royaumes de la Lumière rien ne reste impuni.
Qui laisse derrière lui les pénuries éclaire de ses ailes
L'immensité de l'absolu.

**8**

**L**'insensé, tout caparaçonné, recevra ce qu'il mérite.
Sous la voûte de son palais, il cache des raisons impudiques
Qui, telles des ventouses, adhèrent à l'arrogance
De ce géant aux pieds d'argile.

Les vicissitudes des siècles ont allumé des flambées de haine
Dans la raison sortie de ses gonds.
Le désir de revanche a aveuglé les pupilles, poussé en avant
Les motifs de colère pour justifier l'injustifiable aversion,
Et résonné sur les trottoirs dépeuplés du ghetto.
La pitié s'est consumée comme une branche jetée au feu
Des incendies du mépris.
Des langues malhonnêtes ont attisé les embrasements de la tromperie
Et, dans les villages dévastés, la rancœur, tel un œuf, a été couvée.
Des langues mensongères ont commandé à la multitude
Comme à des légions enivrées par des breuvages rouges d'orgueil.
Cependant, sur le chemin qui mène à toi, Seigneur,
Il n'est point d'obscurité qui n'atteigne son aurore.

## 9

**D**es cordes de mort ils me passèrent autour du cou,
Eloignant mon enfant de la douce fécondité de mes seins
Et dilapidant le lait de mes mamelons pour brimer la faim
Dans le petit corps de l'innocent,
Ajoutant une épine de plus à sa détresse.

Des cordes de mort ils usèrent pour étrangler l'ultime bouffée de vie.
Je hurlai mon affliction aux cieux, demandant justice en ton nom.
Les nuages s'ébrouèrent et les étoiles grelottèrent,
Ébranlées par mes lamentations.
La lune pleura son impuissance depuis les solitudes de l'espace,
Et le soleil cligna des yeux ce matin-là, quand ils creusèrent
Un trou permanent dans la courbe de ma tendresse.

L'alvéole dans mon cœur, où florissait la joie, se remplit de noirceur,
Et j'implorai pitié pour le fruit adoré de mes entrailles,
Sans rencontrer plus de réponse que la haine
Dans le cristal hautain de leurs yeux.

Mais moi je sais bien que mon enfant est endormi dans les plis
De ton manteau et qu'il agite ses menottes pleines de confiance,
La candeur aux lèvres,
Parce que toi, tu es le Sauveur qui corrige les voies tortueuses
Du bourreau.

Entre les plis de ton manteau m'attend mon petit.
J'entrerai dans la tombe avec la certitude de la rédemption
En chantant à gorge déployée, car j'ai confiance en ta miséricorde,
Seigneur, et que je sais que la vie ne s'achève point avec la mort.

Du bâton lumineux de ta justice tu éclaireras
Les défilés flétris de la méchanceté,
Et expulseras de leur tanière les impies qui planifièrent
La ruine de ma joie.
Louée soit la main qui m'aidera à me lever
Pour contempler ton visage !
En ta demeure, oh, Seigneur, je trouverai l'explication
À tant de malheur !

## 10

**S**eigneur, toi qui es tout sauf méchanceté, enseigne-moi à être
Compatissante, même envers ceux qui me méprisent, mais
Qu'aucun de ceux qui m'ont maltraitée ne reste sans condamnation !
Mes persécuteurs ne sont pas hypocrites, ils expriment leur aversion
Avec la détermination d'un fauve affamé.
Ils m'assènent les coups en pleine lumière et me traquent
Comme ils le feraient d'un faon orphelin.

Qu'une source de réconfort naisse de la terrine de tes mains,
Pour que la nasse qui m'emprisonne s'inonde de tes eaux
Et me libère !
Ne vois-tu pas que je suis échouée dans les marais de l'opprobre,
Sécrétant des caillots de misère en mon sein ?
Détache, Seigneur, mon humanité maltraitée de la laisse
Qui la retient et élève-la vers des cimes
Où ses détracteurs ne pourront l'atteindre !

Plus de mille fois ai-je cogné le heurtoir de ton cœur
De mes demandes sans que tu ne me répondes.
Écoute ma voix qui te réclame !
Tes épreuves poignardent mes jours comme un verrou défaillant
Et titillent mon découragement tels des vautours insatiables
À la veillée et pendant mon sommeil.
Comme des taons ils me poursuivent, se nourrissant de mon agonie,

Mais ta houlette me soutient qui m'écarte du précipice,
Car ta pitié, Seigneur, est infinie, et qui sait sur quelle pierre
De lumière je m'assiérai à tes côtés quand je me réveillerai !

## 11

**Q**ue ta détresse soit traitée avec patience, toi qui fus
L'agneau adroitement offert sur les autels du mal !
Une bande exécrable perça de trous l'enclume
De ta tempérance et te brûla les yeux
Avec des représentations de l'enfer.

L'offrande de tant de vie de ta part t'a valu d'être élevée
Jusqu'à la lumière du visage du Seigneur.
N'aies pas peur, cette existence est éphémère,
Et la longue marche ne s'interrompt pas avec la mort !

Les noirs chemins t'angoissent
Car ils conduisent vers des contrées étranges,
Sans que tu saches vraiment jusqu'où ils te mèneront.
Les réponses s'éloignent de toi drapées dans des voiles denses,
Et ce mystère ne cesse de te tourmenter, alors même que le Créateur
N'a pas prononcé la moindre parole pour ta défense.
Dans ton cœur, cependant, prévaudra le trajet vers la gloire,
Et, de la forge de douleur, tu renaîtras prononçant son nom.

## 12

**Q**ue m'importent les railleries que peut m'infliger l'oppresseur
Si à la fin je vis à jamais dans les vergers de la maison du Seigneur !
Entre les lettres de ton nom, je demeurerai pour réapparaître
Dans les annales compatissantes d'une autre histoire.
Je te remettrai mes prières emballées dans les corolles
De coquelicots outragés pour que tu saches que je t'ai été fidèle.
Au rayon de la foi je distillerai mes louanges,
Ma consolation se nichera dans les plis de ton manteau
Et toi, tu abriteras ma peine.
Sur mon lit de douleur, je me débattrai pour vaincre ma faiblesse,
La fragilité de ma chair périra dans les tenailles de ceux
Qui m'ont en horreur,
Mais tes bras m'offriront refuge, pour que mon âme t'appartienne,
Et même s'ils me conduisent au calvaire,
J'entonnerai des hymnes d'espoir en l'honneur de l'innommable !

## 13

**T**oi qui ne fus pas oubliée, souviens-toi de Job !
La foi naît de la source qui jaillit
Des profondeurs les plus retirées du cœur,
Et elle se maintient comme un feu qui court dans les veines.
Pleuvront des calamités et des tristesses qui troubleront
Le soleil de tes matins,
Tu te sentiras entraînée comme du bétail conduit à l'abattoir
Par des leurres astucieux,
Tes chagrins enfleront avec plus d'intensité
Après chaque chute,
Mais ta confiance dans le Seigneur resplendira encore
Comme un diamant enchâssé dans la solidité de ton âme !

Les demeures de l'univers sont transitoires,
À elles nous arrivons et d'elles nous partons
Avec la conviction d'être nés
Sous le joug de la mort irrémédiablement annoncée.
Bienheureux ceux qui savent que cette vie est momentanée
Et qui ont confiance en ta miséricorde !

Au carrefour de l'être s'ouvrent les sentiers
De la sagesse et de l'amour,
L'amour que nous octroie le Seigneur, quand nous parcourons
Les itinéraires de l'ombre dans les vallées en deuil,

L'amour que nous reversons sur les autres
Telle une pluie bienfaitrice
Au temps des semailles.

Après l'adversité renaîtra la lumière,
Cette forge germinale où nous fûmes créés pour pérégriner
Vers ton centre.
Rappelle-toi de Job et chante des hymnes de louange !
Heureux ceux qui ont une foi inébranlable et féconde,
Comme le tronc de l'arbre dont la cime se nourrit
Des vendanges de la terre, et dont les racines resplendissent
À l'égal du trône du Seigneur au plus haut des cieux !

## 14

Calme mon cœur
Et, à travers les pacages de rosée invite-moi à marcher,
La plante des pieds trempée de fraîcheur iridescente,
Lorsque s'étire le soleil chaque matin.
Toi, qui peux tout, apaise les soubresauts ténébreux de mon cœur
Le temps de ma disgrâce !
Laisse-moi voir au-delà du nuage de fumée qui assombrit
Mes pupilles ! Que la dentelle des arbres chuchote dans la brise
Tels les battements d'aile secrets des oiseaux !
Que le feuillage filtre les soupirs lactés de la lune,
Caresse neigeuse accompagnant la symphonie codée de l'univers
Sur ma peau exposée des heures durant aux intempéries !
Efface de mes yeux les images fatidiques des jours sans fin,
Et remplis-les plutôt de l'arôme des pains juste sortis du four
Puis déposés sur la table des festivités !
D'un filet de lumière qui unit les sourires amis échangeant
Des confidences devant le feu allumé des nuits
Des hivers d'antan,
Calme le désespoir des cœurs angoissés !
Que le son d'un violon sur les toits endormis
Rassérène de sa mélodie la peine des veilles déformées
Par la faim !
Depuis l'endroit suprême où tu te trouves,
Sois une béquille et un soutien contre le découragement !

Que ta présence m'enveloppe dans des couvertures de lumière
Berçant mon repos, à l'instar de celui d'un enfant abandonné
À la placidité du sommeil !
Depuis la frontière entre les barbelés et la certitude de la mort,
Viens à ma rencontre, le sceptre de la pitié
Entre les mains !
Et si tu me vois vaciller au bord du précipice qui s'enfonce
Jusqu'au fond de l'abîme et m'incite au saut,
Empêche ma chute
Et emplis le récipient concave de mes mains
Des lettres bénies de ton nom !

## 15

**Je** voudrais que tu sois en moi comme ma propre ombre
Et que, protégés en cette fraîcheur, croissent les attributs du bien,
Que de mes mains poussent des fleurs qui envahiront
Avec le murmure de leur arôme les recoins les plus lointains
Du paradis où commence la vie.
Ne me laisse pas dans le réduit de l'adversité comme
Une vieille peluche sous un meuble remisé !
Donne-moi la force de ton esprit, pour que la petite lumière
De ma lampe intensifie l'éclat de ton visage !
Aime-moi comme moi je t'aime
En ce moment de conjonction sublime,
Quand je sens le frôlement de ton haleine sur le bord de mes lèvres
Et que tu savoures les secrets que tu connais de moi !
Que mes paroles parviennent jusqu'à toi comme les violettes
Du champ qui s'élèvent vers le ciel, demandant une averse
De pitié depuis la pelouse insultée
Sous le soleil claudicant !
Sans prétentions ni rogations, je me présenterai devant toi
Pour habiter la suavité de ta présence.
Calme par ta proximité le cœur de ceux qui furent
Traînés au sacrifice !
Vide les étagères de mon cœur de tout ce qu'elles gardent
Comme offrande condamnée à l'oubli !
Libère-moi, Seigneur, de l'ancre qui retarde mon départ,

Parce que tu es mon maître et qu'en moi germent
Les épines de ta volonté !
Que ta lumière rende transparents les corps des élus
Pour le martyre,
Et que leurs larmes soient la rosée qui purifie les défilés
Où déborde l'ivraie !
Approche-toi de ma prière et marche à mes côtés,
Pendant que je demeure sur cette terre,
Persistant sur la voie que toi tu m'as choisie !
Il n'y a pas en ce monde d'allégresse qui ne soit comparable
À celle de savoir que nous avons été créés titulaires
D'une parcelle de la divinité palpitant sous la peau !

## 16

**B**eaux sont les mondes habités malgré les destructions de l'incroyant,
Et belles sont les âmes destinées aux corps qui pérégrinent
Dans le sens des aiguilles d'une montre !
Je ne t'oublierai en aucun moment, parce que je sais
Que tu n'abandonnes point la progéniture que tu as créée !
Je te louerai toujours, Seigneur, espérant avoir l'occasion de boire
L'eau qui coule de la conque divine de tes mains !
En la fontaine de ta force, ma faiblesse trouvera refuge
Et avec toi je demeurerai quand je m'en serai déjà allée !

## 17

**V**êtue de lumière te recevoir dans le zénith de la béatitude,
Monter vers toi comme une mèche vacillante qui résiste
Aux rafales de grand vent,
Et, protégée par ta miséricorde, défier l'haleine sinistre
Des habitants de l'enfer !
Laisser sur le parcours un fil de lumière qui bouleverse
Les directions contradictoires du labyrinthe de la vie,
Et délimiter d'une trace lumineuse le sentier interrompu
Par les pierres de l'étouffement !
Que ne s'éteigne point la petite flamme avant de savourer
À tes côtés les prémices du bien !
Tu connais, Seigneur, le chemin qui conduit à la naissance
De la source, là où s'initie l'éclat qui éclaire les distances
Du cosmos comme les misères terrestres.
Sois boussole et destin pour cette multitude de mèches
Allumées qui cheminent sur les routes de la mort !
Toi, condamnée, vêtue de lumière et rachetée,
Concède au Seigneur le bonheur de tendre un pont
Avec les fils de sa tenue,
Et de laisser une empreinte lumineuse qui unira
Cette rive d'ombres avec les portes tant désirées de l'Éden !

## 18

Par la prière, je te ceindrai d'une guirlande de paroles
Qui célèbreront ta sagesse.
Telles des gorgées de lumière, arriveront jusqu'à ta soif
D'aimer les échos de l'oraison et de la récolte.
Des pampres et des raisins mûrs sur le front de la divinité !
Un murmure de pétales fera soupirer le vent,
Ce vent qui enveloppe l'univers comme un ruban
De voix suppliantes.
La prière embrassera le cœur de la divinité et, de ce bonheur,
Jailliront des torrents de piété.
La piété, le visage le plus beau de la Gloire !

Source, fontaine, torrent et allégresse ensemenceront les sables
De son lit avec les noms du Seigneur,
Ces noms du Seigneur qui s'élèveront jusqu'à l'enceinte sacrée
Depuis les lèvres de l'exil, augmentant plus encore
La splendeur de sa couronne par des chants de louange.
Sur l'auréole de la divinité, je sertirai mes prières
Comme des gemmes confiantes en la réponse du Seigneur.

## 19

Contre ma couchette j'appuierai mes larmes, pour que leurs rivières
Montent à l'œil de la chute. L'ajout de leurs eaux accroîtra
Le torrent de la commisération du Seigneur,
Lui qui pleure aussi pour ceux qui crient loin de sa présence
Et s'assombrit en embrassant du regard les camps noyés de sanglots.

Où est l'omnipotence, où est-elle ?
En quelle entrée de sa demeure règnent le pouvoir et la gloire ?

Dans l'acceptation de l'inconnu brillent
Les pupilles de la connaissance,
Là où se cache la honte de la vérité.
Dans l'intuition du visage angoissé du Seigneur se niche le réconfort,
Devant la clameur de ses enfants saigne son cœur, et tu ne le sais pas.
Tellement plus le Seigneur souffre-t-il au plus haut des cieux,
Témoin qu'il est de l'affliction de ceux qu'il aime, tellement plus !

Ses sanglots se répandent dans l'univers comme un cri inachevé
Qui se prolonge jusqu'aux avant-postes
D'un jamais plus.
Même si tu venais à perdre la boussole au milieu du naufrage,
Garde confiance dans le Seigneur, parce que ton âme arrivera
À bon port exaltée par la foi en sa miséricorde !

MAX HABER, AMBASSADEUR DU PARAGUAY EN ISRAËL, REMET UN EXEMPLAIRE DE LA VERSION ORIGINALE EN ESPAGNOL, *IGNOMINIA*, À MADAME ZULEMA DRUCAROFF, BIBLIOTHÉCAIRE DU MUSÉE YAD VASHEM

À JÉRUSALEM EN ISRAËL LE 7 JUIN 2014

PHOTO D'ENFANTS LORS DE LA LIBÉRATION
DU CAMP D'AUSCHWITZ
LE 27 JANVIER 1945

Zeitfracht Medien GmbH
Ferdinand-Jühlke-Straße 7
99095 Erfurt, Deutschland
produktsicherheit@kolibri360.de